다시 시작하는 나비

다시 시작하는 나비

김정란 시집

( )최측의농간

부모님께, 내 핏줄의 두 끝,
내가 눈물 외의 아무것도
드릴 수 없는
내 존재의 까칠한
겉옷에게.

자서

  참으로 늦게, 게으르게 걸어왔다. 늘 자신 없음으로 시달리며. 그러나 삶이여, 내가 얼마나 그대를 사랑했던가. 내 가슴을 세월의 날선 칼들이 찢어발길 때 내가 맨몸의 치열함으로 마주 설 수밖에 없었으므로, 그 아픔의 일회의 신선함들을 나는 그대에게 내보인다.
  오랫동안 내 작은 골방에 처박혀있던 그것들은 바깥으로 끄집어내어지는 것을 두려워한다. 어쩌면 차라리 늘 그래왔던 대로 숨어 있는 편이 나을는지도 모른다. 그러나 내 아픔들은 그대들을 만나러 간다. 왜냐하면, 그대들의 아픔들 또한 나에게로 걸어오고 있는 것을 그것들은 알고 있기 때문이다.

1989년 11월
김정란

일러두기

1. 이 책은 김정란 시집 『다시 시작하는 나비』(문학과지성사, 1989)의
   복간본이다.
2. 맞춤법과 외래어 표기, 문장부호의 경우 현행 국립국어원 규정을
   원칙으로 삼되, 띄어쓰기는 최측의농간 자체 원칙을 따랐다.
3. 시의 한 연이 첫 번째 행에서 시작될 때는 <로 표시하였다.

차례

자서 7

당신의 어깨 —시의 장소 13
쓸쓸한 몇 편의 사랑 노래 15
죽은 **엄마**에 의한 엄마의 교정 25
나비의 꿈 29
매복 32
밧줄 끊기 34
파비안 35
장미 화환을 쓴 암흑 37
타인들과의 관계 39
4월 41
나의 시 —그대에게 가기 위하여 43
이 시대에 살기 45
우리의 패배주의 47
시와 힘 50
미망(迷妄)의 아이들 52
폼페이 54
눈 56
TV의 말놀이를 주제로 한 몇 개의 성찰 58
지옥에서 —감기 기운 68
나의 병 1 —자가 진단, 반성을 위하여 70
나의 병 2 72
나의 병 3 74
나의 병 4 76

어느 밤의 울기	78
나의 (시) —삶은 각질이다. 따라서 언어도 각질이다.	80
불면 —추함에 길들기 1	83
화장 —추함에 길들기 2	85
지하철에서 —추함에 길들기 3	87
또 가을	88
나의 시 —약한 너에게 기대어	91
나의 시 —죽음과 더불어 살기	93
나의 시 —무한의 받아쓰기	95
절망적인 시법(詩法)	98
봄	99
L씨의 주검에게	101
다시 오월	103
나의 시 —여기에서, 언제나 여기에서	105
소설을 읽지 않는 이유, 또는 막가는 나의 시법(詩法)	108
엄마 버리기, 또는 뒤집기	109
강시	131
햇살, 세시의 짐승	132
결핍으로서의 존재 —어두움의 기록 1	133
결핍으로서의 존재 —어두움의 기록 2: 뜨개질의 성찰	135
결핍으로서의 존재 —어두움의 기록 3	139

당신의 어깨
—시의 장소

당신의 어깨는 좁은 뜨락이다.
꽃이 피어 있다.

누구의 입김으로 여기에 남은 흔적
이토록 현란하게 흔들리다가
붉은 백 겹의 혓바닥으로 꽃 피어난 걸까.

꽃은 또한 발자국이다.
우리가 큰 소리로 아, '확인'이라 외치며
남기는 발자국,
우리는 떠나도 뒤에 남아 홀로 피어나듯.

춤추는 발자국의 길,
당신은 언제나 아프다.

언제나 두고 와 돌아보는 어제처럼
당신의 완결된 어깨의 길,
어쩌면 쓸쓸하게 하늘에 닿아 있을까.

<

당신의 어깨너머엔
날아가는 커다란 눈, 참 여러 개.

쓸쓸한 몇 편의 사랑 노래

1. 전화

그의 목소리가, 유년의 모든 기억과 풀밭, 등굣길의
돌멩이, 막막함, 손 내밀기, 혹은 갈증, 혹은 흔들림,
그것들의 아주 섬세한, 작아서 모두 소유할 수 있는, 촘촘한
무늬의 날개로 날아왔다.

그의 목소리는 줄무늬야, 내가 눈치채었듯이,
아무것도 아무 기질도 서로 화해하지 않지,
즤들끼리만 심각하게, 즤들끼리만 완벽하게,
  따 로 따 로
서로 옆으로 손 내밀지 못하게
  그의 영혼을
  차단하고 있다.

묶여 있는 그가 말한다. 보고 싶어. 아주 낮게.

나비는 절벽에 부딪친다. 그의 등 뒤에서 밤이 일어섰다.

고적함으로 흔들리는 영혼들. 나는 맥을 놓는다.
내 영혼의 얇은 껍데기가 무방비로 흔들린다.

사랑은 힘일까, 그럴까…

2. 스물네 살의 바다

너는 끔찍하게 아름다웠다. 나는 숨을 죽였다. 잠들어 바람의 나라에 이른 너. 날갯짓 소리가 들렸다. 너의 혼, 손 한번 내밀면 만져질 듯 흔들리고 있는. 네 얼굴에 바다가 차올랐다. 스물네 살의 바다.

바다는 굉장히 힘이 세었다. 나는 사방에 대고 절을 하고 싶었었다.

비. 땅 위로 내리는 비. 넋 없이 한데로 나앉았던 젊음.

<
스물네 살이야. 죽고 싶어.
이제 막 스물네 살이야. 죽고 싶어.

바다가 네 얼굴 위를 흘러갔다. 달빛. 별빛. 스물네 살.
바람이 불었다, 휘익, 그리고 한꺼번에 달겨들던 죽음.
아름다워라. 나는 자꾸만 절을 하고 싶었었다.

3. 저녁식사 뒤의 담배

목이 긴 네가 담배를 피웠다.
막막하게
그렇게 말할 수밖에 없다.

네가 말했다, 허공이, 윙윙 울렸다.

"내가 뭘 보고 있지, 응?"

<

눈 속으로 구름이 흘러갔다.

네 목덜미에도 구름의

그림자가 어른거렸다.

그렇게 말할 수밖에 없다.

"나는 죽음을 보고 있어."

모든 것이 갑자기 멀어진다.

죽음만이 만물 위에 내려앉는다.

자유로운 것은 그것뿐이다.

4. 저녁 대화

그가 누워서 천장을 보고 있다.

문이 열렸다.

무엇인지 쓸쓸한 것이 곁으로 왔다.

그의 눈이 반짝인다.

"요즈음은 환상이 자주 보여."

"별?"

"그렇기도 해."

"왜 그럴까?"

"손도 보여."

"이상하네."

"크고 하얀 손이야."

우리는 길 떠나는 준비를 하고 있다.

함께?

결국은 어쩌면.

5. 바람의 나라

당신이 묻혀온 바람의 냄새 때문에
내 피톨들이 아우성치며 일어서기 시작했어.

<

랄랄랄 꽃꽃 랄랄랄 바람 랄랄랄 바람

나의 방은 사막이다.
당신의 서걱대는 살과
아름다운 공허가
이룬 모래, 모래, 메마름.

나는 예쁘게 예쁘게 부서져 내렸어.
바람 랄랄랄 바람

날개 소리 들렸네.
어디 이를 수 없는 나라의
꽃그림자
우리의 몸에 떨어지네.

6. 그대 곁에서

네 곁에서
내 모가지가 길게 자란다.
"그늘에서 꽃이 피는 거야."
내가 장난말을 한다.
네가 쓸쓸하게 웃고
손가락을 조금 움직인다.
네 웃음과 손가락 사이에
바람이 불어간다.
내 가슴에 벌판이 하나 생긴다.

7. 말다툼

그녀는 그에게 대들었다.
왜 그렇게 해?
어째서 그래?

낱말들이 표독스럽게 공간을 찢고 날아갔다.

그의 가슴 한복판에
바람이 일고 불길한 빛의
앙금이 피어올랐다.

그는 한구석에 기대고 앉아 있다.
머리칼이 한 올씩 그의 뇌수를 파내리고
파멸이야 파멸이야 하고
속삭인다. 오 어머니.

그녀는 말[言]이 말로 걸칠 수 있는
온갖 의상을 입혀 그것들을 끌고
가능한 한 멀리 우회해갔다.
끈끈한 피여 날뜀렴
난 끄떡없이, 난 광기에 익숙해.

그가 하얗게 질려있는 그림.

<

그들 사이에서 온갖 사슬들이
덜컹거렸다. 음울한,
분명치 않은 소리들.

8. 各自의 사랑

 힘은 어디에서 오는 것일까, 내가 살았던 언덕 아래로는
살아서 아프고 모자라는 기억들로만 나의 시선은 툭툭
떨어진다.

 그대는 언제나 고개를 숙이고 온다. 거의 대개는
옆모습이거나 뒷모습만의 그대, 그대의 몸 위에서 갈
바 몰라 하는 아픔, 가난, 어머니, 형제들, 곤두박질치는
시대의 비명소리. 그대는 언제나 잘못했어라고 말한다.
참회. 오 우리는 얼마나 잘못했다라고 말했던가. 무엇이
우리를 지켜주었을까, 이 메마름의 끝에서.

<

 소리 내어 그대를 부를 수도 없었다. 막막하게 모래 서걱대는 가슴, 피가 석화(石化)한다. 그리고 단정한 내 육체 언제나 그대를 향해 서 있었다. 언제나 옆모습이거나 뒷모습만의 그대.

 힘은 어디에서 오는 것일까. 지구 위의 모든 커튼이 펄럭이고 언제나 몇 개의 손이 보였다. 열린 가슴으로 시간이 떨어졌다. 그대, 내 앞의 그대, 나는 그대를 향해 쓰러졌다.

죽은 **엄마**에 의한 엄마의 교정

1

엄마가 죽었다. 사실적인 죽음의 예증(例證)이
눈앞에 나열되었다.
염(殮), 입관(入棺).
그리고 드라이하고 선언하게
머릿속 수레바퀴가 멈추고
사고가 선언한다.
"엄마는 죽었다."

2

아버지는 아프다. 중풍이다.
엄마가 곁에 앉아 있다. 정성스러운 엄마.
아버지가 아기처럼 칭얼거린다.
엄마가 다독거려준다.
둥둥 내 아기 자장자장 내 아기.

3

아버지의 병이 낫는다, 말끔히.
시냇가의 조약돌 같은 아버지, 아버지는
꽃밭을 거닐고 있다. 국화꽃의 향기가
가슴을 흔든다. 엄마가 곁에서 웃고 있다.
작은 불꽃처럼 흔들리는 따스함.

4

슈퍼마켓, 팝콘을 사다가
나는 소스라치게 놀란다.
엄마! 아, 엄마가!
여지껏 깨닫지 못했다니!
아! 죽은 엄마가!

5

엄마가 바느질을 한다, 늘 하듯이
입에 하나 가득 노랫소리를 문 엄마,
내가 문간에 선다. 엄마……
엄마가 쳐다본다, 시선이 부딪치고
우리 사이에서 아, 강처럼 소리 내어 흐르는
이승과 저승의 아픔.

6

아버지는 진찰을 받고 있다.
병원 복도에서 엄마가 나비처럼
걷고 있다. 내가 다가선다.

엄마……
응?
그곳은 어떤 곳이유?…… 사뭇 다르우?……

글쎄, 무어랄지…… 형식의 저 너머…… 안개
무리랄지……
우리가 생각나서 온 거유, 엄마?……
……낮은 소리의 웃음, 작게, 아주 작은 메아리 같은……
우리가 보고 싶었수?
그래, 하지만 그곳에선 그 때문에 시달리지는 않는단다.

길다란 복도가 명부의 편안한 웃음으로 감싸였다.
흰 옷을 입은 닥터가 천사처럼 스르르 미끄러져갔다.
재미있어, 내 가슴에서 아주 작은 솜털들이
즐겁게 바시락거렸다.

7

잠이 깨었다. 가슴이 떨고 있다.
그러나 살아 있는 일이
흔들리지 않을 만큼
명부(冥府)를 생각하는 것은
기분 좋은 일이다. 햇살로 가득 찬 명부를……

나비의 꿈

나비를 보았다.

깊은 밤, 내 숨소리 허공을 향해 올라갔을 때.

우리의 기질이 나비의 날개를 가진다면

우리는 다만 있는 일만으로 족하리라. 왜냐하면
버려버릴 것을 모두 가벼운 날갯짓으로 벗어버린 뒤에

우리는 알몸으로 비로소 남아 있을 수 있으므로.

그때에 내가 내 육체를 향해 새삼스러이 말을 걸리라.
"안녕! 예쁜 나여!"

나비는 언제나 내 영혼의 깊은 곳을 찾는다. 그가 말했다.
"가능하면 더 깊은 곳을"

어느 날인가 나는 그가 수줍은 목소리로 말하는 것을

들었다.

"나는 금이 간 영혼을 사랑해."

어째서지?

"잘 몰라, 하지만 어쨌든 그들에게선 좋은 냄새가 나."

그리고 그는 날아갔다.

나는 덜덜덜 흔들렸다.

그리고 조금 뒤엔 바람이 칠흑이 그리고 핵이 남았다.

꿈꾸는
핵

나는 다시 나비를 보았다, 아니 오히려 가졌다.

<

내가 모든 여행길의 돌짝밭에서 돌아올 때
조심스러운 비상으로

다시 시작하는 나비.

매복

우리는 모든 것들의 등 뒤로 돌아선다
시대가 우리에게 잘 맞지 않는
의복처럼 우리를 건드리고 지나간다
안녕 누더기여 안녕

'건강하게'
정신이 외친다 '건강하게'
원칙이여 '건강하게'

깜깜하다 바람소리
우리는 숨어서 키웠다 언젠가는
함께 있고 싶었다 어떤 날 미친 듯이
축제를 벌이고 싶었다 순진한 혼(魂)들,

나는 눈물이 나왔다

귀여 문을 열어라 편재(遍在)하시는 귀여 문을 열어라
열려라 콩 참깨 예수그리스도

<
우리는 요정처럼 자유로웠다

상한(上限)과 하한(下限)까지 하루에
골백번 드나드는 요정 우리는 모든 것들
뒤에서 또 새로이 또 하나의
등이 되었다 흐느끼며

우리는 효율을 건져내려고
많이 삐걱거렸다 저마다 혼자만큼씩
각각, 구체적으로, 삶의 사건과,
만났다, 할 수 없이, 지치며,

우리의 깜깜한 배경 위로
파랗게 불꽃이 지나간다
손톱이 자라고 시내가 흔들린다

밧줄 끊기

우리가 일렬횡대일 때 당신은 겁이 난다.

우리가 오합지졸 각각의 이력을 고수할수록 당신은 겁이
난다.

겁이 난 당신을 향해 일렬인 우리가 돌을 든다.

당신은 쓰러지고, 우리는 멍하게 서서

뒤늦게 깨닫는다. 허공이 흔들리고,
당신이 아무것도 아님, 당신이 허깨비였음을.

허깨비에 의해 그토록 구체적으로 참견당했던
우리의 삶, 꼭 한 번 사는 삶을 향해,
횡대인 우리가 치를 떤다.

파비안

모든 것이 가능하다는 걸 우리는 알고 있다.

그는 달려갔다. 어머니, 착한 어머니.

길이 우리 앞에 있었다. 시간이 죽은 거리.
우리는 나비처럼 옷을 벗었다. 어두움.
뱀처럼 꿈틀대는 길. 그것은 우리보다 강했다.

누가 계단을 내려갔다. 그는 잠들어 있었다.

그녀는 진실보다 아름다웠다. 진실을 향해 옷을 벗어던진 여자.
진흙이 일어선다. 안녕.

"너무 늦었어요. 너무……"

그녀의 목소리가 멀어졌다. 아무것도 보이지 않았다.

<

우리는 삼켜졌다.

인류의, 타락한 종족의 방황이 신을 겨누고 흔들렸다.

도처를 향한 표적.

장미 화환을 쓴 암흑

어느 날인지 내 리듬이
몽땅 허물어졌다, 그 사이로
어떤 손이 나를 잡아끌었다.

그 커다란 손이 나를,
운명적으로 만들었다.
암흑과 절망이 내 사지를
눌렀다. 차가운 바람이 불었다.

내가 암흑 속에서 울면서
하느님을 생각했다. 언제나
내 존재의 깊은 상처에
별빛 눈길이 남아 있다, 아이러니컬하게도.

나는 깊이깊이 어두움을 헤집고 다녔다,
그곳에서 졸음이 왔다.
그리고
딩동딩동 노랫소리를 들었다.

멀리 달려갈수록 더 멀리 반대편의
몫이 가까워진다, 삶과 유머.

외계로 내 긴장한 혼을 열 때마다
들리는, 랄라,
엉뚱한 노래들, 악의에 찬 노래들.

나는 암흑에게 장미꽃 화환을
둘러주었다, 나는 요정처럼 즐겁게
'나의 암흑'을 바라보았다.
어느 날 내 것인 암흑을 잘 알아보기 위해.
어느 날 내 것인 절망을 부리며 살기 위해.

타인들과의 관계

나는 그들 곁에 있었다
짜증이 치밀었다 참을 수 없이

이것 봐, 두부들아

그리고 나는 조심성 없이
아무 데나 그들을 푹푹
찔러보았다

(언제나 내 뒤에는 내가 지나온 시절의 바람이 불었다
뒤돌아보면 내 발자국들이 나를 규정하며 펄럭이고
있었다)

그들에게서 핵을 발견하고
싶었다 그들이 무형일수록
더욱 초조했다

내 뼛속에서 악마들이

달그랑대고 있었다 그들은
그 작은 영토가 답답해서
종일 뒤척였다 나쁜년
악마들이 말했다

나는 나이가 먹었다
그래도 그들에 대해
아무것도 알아낸 것이 없었다

그러나
문득문득 내 손끝에 팽팽히
긴장한 감촉이 왔다
그들이 내 손끝을 깨물었다
그리고 나는 몇몇 얼굴들을 식별해냈다

아직도 분명치는 않지만,
그들은 두부가 아니다 그것만은 확실하다

4월

캠퍼스의 이쪽과 저쪽에
햇살이 떨어졌다 그들은

일어섰다 같이 있어야 해 낮이라도
밤이라도 저녁 어스름 어느 새벽에라도

밤은 언제나 느닷없이 우리의 어깨를 쳤다
진실로 어떻게 말해야 하나 꽃
오 영혼이여 어떻게 말해야 하나
눈 밝은 정신이여 무엇을 말해야 하나

어느 곳으로 다니다 온 봄,
갑자기 우리는 따뜻해졌었어 그해 4월
우리는 같이 있었어 밤이 와도 어느새
무섭지 않았나 누구는 쓰러졌다

스물두어 살 혹은 이백이십 살짜리 삶

<

또는 꽃 또는 4월 또는 가슴의 가슴의 가슴

딴전을 피우다 이윽고 눈뜨는 뜰
네게 손이 두 개뿐이더라도 이천 개의 손을 다오
네게 가슴이 한 개뿐이더라도 천 개의 가슴을 다오

그들을 쓰러트리지 않고 싶어 그들이,
한번 가졌던 열쇠를 얻어가지고 싶어
천 개의 가슴을 단번에 열던 그 열쇠를

나의 시
— 그대에게 가기 위하여

  나의 시는 도상(途上)에 있습니다. 나는 서투른
사인밖에 던질 줄 모르지만, 그러나 어쨌든 그것은 어떤
모양을 가지고 있습니다. 돌이거나 풀이거나 흔들리는
물바가지이거나 떡갈나무에 매인 노란 리본이거나, 그들은
한결같이 게으르고, 한결같이 풀이 죽어 있었습니다.

  그러나 그들은 허둥댑니다. 작은 나의 마음을 시행마다
박아두고, 당신이 조금이라도 문을 열면 얼른 그곳에
물결을 일으키리라고 매복하여 기다리며. 오 우리가 함께
길의 '끝'에 대한 예감을 가지게 되었을 때, 우리는 얼마나
행복했던가요. 그때 우리의 정신과 정신을 잡아 뒤흔들던
눈물. 눈물로 하늘을 얻을 수는 없을지라도 그것으로
우리는 마음으로 가는[耕] 세상의 밭을 얻습니다.

  돌이거나 풀이거나 흔들리는 물바가지이거나
떡갈나무에 매인 노란 리본이거나 한 나의 시는 당신을
꿈꿉니다. 당신에게 가는 것이 나의 궁극이기 때문입니다.
우리의 세상은 겨울입니다. 그러나 얼어붙은 겨울의

연못을 한번 생각해보십시오. 갇혀져 소외된 힘들이 참을
수 없는 갈증의 힘으로 버석거리며 무한의 날개를 단
가슴을 하늘로 쳐올려보내는 것을. 장관이 아닙니까.

　세상에서 나는 헤매며 시를 쓰고, 그리고 당신을
꿈꿉니다. 나는 조금씩만 움직입니다. 어느 날 당신 영혼을
낚아채어 이 얼어붙은 땅을 떠나게 될 때까지, 시방 내가
택하는 형식을 찬찬히 훑어보아야 하기 때문입니다.
기다려주실 테지요, 내 어눌한 말의 변신을? 그것을
믿습니다.

이 시대에 살기

우리는 야유를 택한다
쉼표, 또는 임의의 뒤틀기

그대들이 너무 세세한, 삶의,
방식을, 간섭하려 들었으니까
그대들이 그것을
게시판에 써서 숫자로(오 어머니!)
호도했으니까

모델이라고 그대들은 말해
말 잘 듣는 아이는 사탕 줄게라고도 해
오 어느 곳에서나

우리는 비틀린 정신에 대해
또는 비틀린 문화와 관계에 이르기까지
말할 수도 없이 많은 소문을 들었어
시대가, 우리가 각각으로 신선히 살아 있음을
잡수시고 통통히 살이 찌신

<
허위의 왕이

우리의 뿌리를 뽑아 흔들어

우리는 어깨동무를 하고 거리에 나갔어
같이
글쎄 같이
돌멩이라도 뻥뻥 걷어차기 위해서

우리의 패배주의

어느 날 Z씨가 벽 속으로 사라졌다
모두 웅성거렸다 하필

이때에

사람들의 웅성거림 뒤에 남은, 번쩍이는, 말의, 비늘들.

우리는. 불안한 채로. 그것을. 눈여겨.
보았었다. 그것이. 무엇을. 암시하는지.
모르는 채로. 막연한. 적의와. 함께.

그러나 언제부턴가 어느 벽에서고 스멀스멀
기어 나오는 소문들이 들렸다 어느새
모두 질려 있었다 하필

이때에

누구는 퇴근 버스를 타다가 누구는 구두끈을 매다가

누구는 오래된 편지함을 뒤적이다가

느 닷 없 이

Z씨를 만났다 엄청나게 커져버린
우리가 키운 Z씨

모두들 감탄했다

Z씨의 막강한 변신에 관해서
그의 딱딱한 대구리에 관해서
그 부동의 신조에 관해서

글쎄. 그럴까. 하필. 이때에.
그가. 설득력을. 갖는. 것일까.

우리는 거리를 쏘다녔다

<
발걸음마다 가을의 스산한 비를
부르는, 낮은 톤의,
우울한
기질, 젊음이 고개를 가로저었다

부드러울수록 많이 다친다 우리는
술에 취해

벽을 등지고 앉았다

시와 힘

내 육체가 나를 속였다
내가 진정으로 원하던 것은
육체의 시간에게 잡아먹혔다
존재하는 일이 나를
탕진시켰다 젊음이

시간의 요란한 부채를 뒤흔들었다 언제나
쌓이고 쌓이는 부스러기들 그것으로
젊음이 만족하리라고?

오 가슴에 패이는 골 깊은 추락
현기증 삶이 나를 내어던졌다

어느 날이건 내가 칼로서
시를 가지리라 허공과 시간과
우리의 갈증을 베어내는 칼,

지구 위에서 우리가 공유한

<

결핍을 베어내리라 베어던지리라
내가 칼인 시를 가지리라

미망(迷妄)의 아이들

가만히 생각하면 나는
어두움의 손가락을 본 것 같애.
그가 낮은 목소리로
내 기질을 흔들며

아, 잠깐만 하고 말했던 것 같애.

나는 머무는 것이 좋아.
그러면 사람들이 어깨를 떨며
어두움 속으로 걸어 들어가는
미망(迷妄)의 시간이 느껴져.

그들이 눈을 감고
오 미지의 그들이 눈을 감고
일어서서 손을 내밀어

그럴 때 우리는
젤리 같은 영혼을 만나게 돼.

그것으로 리본이라도 만들어
하느님께 가고 싶어. 내 하느님.
생일날 아침에.

우리가 땅을 헤매며 울고 있어.

폼페이

폼페이여, 나는 네 앞에서
울지 않는다. 나는, 너의
비현실을 즐긴다, 부재여,
시간과 시간 사이의 빈 내벽.

시간의 바깥에서 미끄러져 들어온,
꿈의 기이한 가장자리,
꿈의 물질적인 변경에
부딪치는 것은 얼마나
즐거운 일인가.

네 앞에서 나는 열린다. 오 내 안에서
끝도 없이 부푸는 우주의 바람,
자갈돌들 위로 드러눕는
햇살, 그림자, 빈, 빈,
부재.

폼페이여, 나는 너의 문 앞에 있다.

그것으로 이미 족하다, 꿈이여,
나는 네 앞에서 떠오른다,
또는 네 안에서 떠오른다.

눈

눈이 내리고,
우리는 우리의 영혼이 맨발로
달려가는 소리를 듣는다.

태초에, 우리가 꿈이었을 때,
우리가 애벌레의 날개이며, 봄의 움이며,
신의 숨결이었을 때,
그때, 그렇게 작은 소리로 속살거렸듯이.

"오 근원이여 우리의 배반을 허락하소서.
오 뭉텅이여 우리가 개체가 됨을 허락하소서."

솜덩이인 우리가 당신을 창조의 시간으로
밀어붙였듯이.

꿈이여 나는 그대를 본다.
끊임없이, 차가움의 뿌리에서 보드라움을
일구어내는 오 빈 몸들이여.

깃털들,

우리가 완벽한 영혼이었을 때 그때
참을 수 없어 버스럭대던
말[言]들,
말들의 뾰족한 비상,
꼭대기에서 가볍게 흩어져버린.

이제 내가 우리의 그림자를 본다.
깃털들,
가벼운 것들이 우리 곁에 있으니
어떻게 태초와 하늘에
굶주리지 않을 수 있단 말인가.

TV의 말놀이를 주제로 한 몇 개의 성찰

1. 김보화 씨를 위하여

―코미디언 K씨여 나는 그대를 견딘다.
왜냐하면, 그대는 우리의 징후이기 때문이다.

코미디언 K씨, 덜렁거리면서, 아 우리는 어색해요,
어색한 김에 그걸로 먹고삽시다 하고 나를 미치게
만든다.

―아닌 게 아니라 그렇다, 이 삶이라는 낯선 집에 대해,
우리는 어색하다.

이 시대의 천재들은 TV를 장악하고 있다, 그러니,
우리는 수긍한다. 일단은 일따아아는
이것이, 또는 이것 정도가 삶인 것으로.

나는 숨이 막힌다, 분명히 내 땅에서,
어느 날 문득, 마치,

―젊은 혼들이 죽어갔다.
한반도 전체가 성(聖)민주주의의
투사들로 가득 차는데도 왠지 나는
한없이 쓸쓸했다. 아니야 꽃이 없어.
꽃이라구요? 역사 말씀인가요?
아, 그거라면.

아니야, 나는 고개를 흔든다,
  갈증

    갈증

      갈증

      갈증

        그리고 잠…너머…

꽃 말이오? 꽃이라고 하셨어요?

K씨는 덧붙인다, 천재적으로.
―내가 안 그랬어, 천재들은 TV 방송국에 죄 모여 있지.
우리의 삶이 안 그래도 들떠있음을

그녀 익히 이미 알던 터이므로,

어색함으로 먹고사는 그녀는
그 어색한 바이브레이션으로
우리를 전격적으로 삶에서 뽑아내며,

확인 사살―프로페셔널답게
어느 세월에에―

그래서 나는 탈출을 꿈꾸며
진득이 그대를 견딘다.
'일단은' 이곳에서 살기 위하여
'일단은' 이곳에서

최루탄과, 죽어가는 젊음들과, 용영하신
정치가 제위들과, 늘어나는 자가용 정도를
침묵과 맞바꾸신 중산층 여러분과,
그리고 시대의, 오, 살아 있음의 부끄러움에

<

한 올 빠짐없이 내 머리칼을 일일이 짜넣으며
나는 그대의 비브라토를, 견딘다,
적극적으로.

2. 최병서의 "어디 갔었어, 전화해도 없대"

나는 열심히 전화를 했지—내가
가진 모든 커뮤니케이션의 수단을
총동원해서—효과적이었느냐구—또는 최소한 성실하기는
했느냐구—모르겠어, 자신 없어—하지만 적어도,

그래, 적어도 한 가지는 확실해. 나는 가고 싶었어.
'너'라고 불리는 유령에게. 사방에서 높은 목소리들이
들렸어. '너'라고.

사람들이 은밀히 '너'라고 부르며 싸잡아 넣는
정치 행태를 나는 견딜 수 없었어. 나도 오랫동안

'너'에게 가기 위해서 울며불며―또는 마구잡이로
창피해가며―오랜 시간을―젊음이라고 불리는 저 최고의
투자를 했으니까―생색내는 건 아니야, 실은, 끼였을
뿐이니까―'너'를 만나려고―사방이 벽인 걸 그제나
이제나 알면서도―

 나는 말[言]이 그 다리라고 생각했어, 정말 열심히, 내
작은 몸뚱이 속을 천길만길 날뛰는 이 예감들을―'너'에게
전할 길은 이것밖에 없다고 생각했어―그리고 정말
'너'에게 가는 길이 진짜로는 대문자인 '나'에게 가는 길인
걸 알았으니까―아니면, 오히려 역(逆)일까.

 나는 열심히 전화했어―내가 원하는 것은 진실하다고
믿는 만큼 열심히.

 그런데 아아 "어디 갔었어, 전화해도 없대."

 (꿈속에서 나는 종종 다이얼을 돌린다. 그 전화기는

암시적이게도, 단 한 번도 기계, 또는 손에 만져지는 실체인 적이 없다. 그것은 늘 최소한의 납작한 공간, 백지다. 나는 기를 쓰고 그 종잇장에 매달려서 다이얼을 돌린다. 아, 내 손이라는 볼륨과 그 철저한 비실체인 종이 전화기의

   잔인한 대조. 결과? 물론 실패이다.
   나는 그 누구하고도 대화하지 못한다.
   나는 절망한다. 사실이다.

   그러나 그 절망의 깊은 뿌리는 내 욕구의 강도를 역으로 증거한다.
   나의 글쓰기가 얼마나 맹랑하게 차원을 넘으려고 기를 쓰는지를 증거한다.

   실상 '너'는 없는시도 모른다. 그러나 '너'를, 이 납작한 종이 위에서 만날 수 없는 것이 나의 욕구를 무효화시키지는 않는다. 나는 전화한다. 왜냐하면 나는 그렇게 하고 싶으니까.)

3. "게맛살, 탱탱합니다" "꽃게맛살, 그러면 애고 아빠고 모두 옆으로 걸어요"

거기 있어라. 솟아오르지 말아라. 살과 함께 있어라.
절대로, '탱탱한.' '살'과 함께. 거기 있어라.

수평적으로, 가능하면, 납작하게
드 러 누 워 있 어 라
기왕이면 나는 아무렇게나 옆으로간다

기왕 수직 이동이 불가능한 바에는
나는 적극적으로 퇴폐적으로 "옆으로 긴다."

알았지. 나는 '탱탱한' '살'에게 명령한다.
아무렇게나. 머물러 있어. 꿈은 금물이야. 그런데
나는 사실은 옆으로긴다

잘 아시겠지만.

4. 심형래의 "영구 없다!"

그들이 아주 커다란 가방을 들고 설치면서
말했다. 보여주까? 어때? 맘 없으셔?
이 안에 별거별거 다 들은 거 아시까?

시? 그들이 쿡쿡 웃었다 언제적
소문인데, 그게? 밥 멕여줘, 그게?

나는 심술이 나서 말했다. 그래도 이건
뭐 왔다 갔다 하는 건 아니니까, 이게
독이란 말야. 이것만 있음 까짓
늬들 가방의 상대적 정보 뭉치 따위
한꺼번에 싹 무효화시킬 수 있어.

그래애? 그들이 가방 뒤로 숨었다.
그리고 투닥투닥 부시럭부시럭 소리가 들리고
—막간에 역사가 흘러갔다—

아닌 게 아니라 나는 내 독을 들고
쩔쩔매었다, 어느새 그들의
가방에 온갖 신경이 팔린 채로.
나는 내 독을 보고 말했다.
갖다 버릴까, 그만?
너무 본질적이라 넌 쓸데가 없구나.

가끔 가방에서 쪼가리 정보들이
새어 나왔다. 사람들이 우르르 달려들었다.
부동산 주식 정치게임 고문치사 오월
발포! 사람들이 푹푹 쓰러졌다.
사이에도 가방 뒤에서 여전히
부스럭대는 소리, 불순한, 뒤얽힌,

하느님, 쟤네들 보래요, 하고
참다못해 내가 일러바쳤다.
아담아, 네가 어디 있느냐,
하고 야단쳐줘요, 제발.

<

그들이 가방 뒤에서 얼굴을 쏙 내밀었다.

메롱, 영구 없다!

지옥에서
―감기 기운

감기, 아무렴, 난 감잡고 있지,
이 삶에 대해, 감잡고 있지,
뭔가 삐걱거리는 것을,

잘 안 맞아 돌아가는 것을,

감기, 내 삶에 대한 내 삶 전체의
징후, 내 기질이 내 삶에 대해 가지는 관계,
안에서 어긋나는,

조심조심, 잠재우듯이,
우리는 우리의 성마른 기질을 향해서
달래며 말했다, 그래 얘,
살아남은 게 어디니,

기침을 하며, 안에서 우리의 삶을
밀어내며 가까스로
우리는 말했다,

그게 어디니.

그러나 밤에 기침은 심해졌다. 홀로 있을 때
내성(內省)의 번쩍이는 칼이
우리의 삶을 사정없이 우리의 바깥으로
내몰았다.

나의 병 1
—자가 진단, 반성을 위하여

등 뒤로 음모처럼 삶이 다가왔다, 사뭇,
음험하게. 그는 마치, 내가 저와
마주 서지 못하는 것을 잘 안다는 듯이.
나는 알고 있다—그것이 병이다, 정말은
—내 생존 형태에 대하여.

빠져나오기, 살지 않으려 들기,
유보되는, 꼭 그만큼의 죽음의 양만큼의
생존. 내 삶에 관하여 등 돌리는
꼭 그만큼의 생존의 의미.

—나는 살지 않으려 한다, 나는 그만큼만 존재한다—

그리고 숨이 막힌다. 내 한길 작은 몸뚱이 안으로
흐르는 생명—이, 삶이라는 질병에 대하여
거꾸로 흐르는 피. 최소한. 지금은 그렇다.

언제, 내 삶이여, 나를 늘 바깥에서 조여오는 형식이여,

언제 내가 그대라는 옷 속을 채우는
체적이 될 때까지, 지금은, 이 명목 없는
모반을, 텅 빈 알맹이로부터, '아니'라고 말함으로써
밀어내는 이 기약 없는 안에서의 집짓기를 용서하라,

적어도 나는 거짓말을 하고 있는 것은 아니므로, 적어도
나의 자기증오가, 머물기 위하여 꾸며대는 음모의,
은밀한 징표는 더더욱 아니므로,
그러므로 이 움직임을, 이 빠져나감을, 지금은
용서하라. 굴레, 오 내 타자의 삶이여.

나의 병 2

별볼일없음.　텅　빈　내부. 그럼에도불구하고지겹게
도버리지못하는내적위대함의대차대조표

　이월0 잔고0 지불 능력0

　아무것도아님한일없음할일?기대할수없음갖다버리시지
그럼에도불구하고

　어느 날 나는 태풍처럼 일어선다. 단 한 가지. 그것으로써
그럼에도 불구하고 하늘을 향해 베드로의 열쇠보다도 더
확실히 작동하는, 단 한 가지 주문으로
　그렇다:

　　나　는　살　아　있　다

　그러니 존재하시거나 마시거나 하는 신이여
　내게 자유를 돌려주소서. 내가 내 삶의 양태를 통해
　나이게 하소서. 유령이 아니게 하소서. 최소한,

내 안의 잠재의 위대함이여,
나로 하여금 권리인 '나'이게 하소서,

원컨대, 나의 주여,
나에 대한 나의 배반의,
이 긴장의 고삐를 풀어주소서.

나의 병 3

들락날락함, 메롱하고 그녀가 말했다, 뭐 어차피.

나는 메롱하고 따라 말했다, 아무렇게나.
자아여, 네가 따로따로 노는 판에,

내려서본들 내 안의 창고에선 들쥐들만
힝힝 내빼고 핑계 김에 나는 가장 만만한

내 안의 까만 옷 입은 여자에게 말했다.
맘대로 해 : 밤새 비가 내렸어 : 아파 :
신경통이야 : 집안에 말짱한 가구는
아무것도 없어 : 덜컹거려 : 갈 때가 됐거든.

나는 드러누워서 말했다. 가자 얘, 이
문턱만 넘으면 돼. 아주 잠깐이야.

문턱에 서서 오랑가랑하며 나는 내 안의
여자를 바라보았다, 맘대로 해, 어쨌든,

그 길뿐이라면.

바짝바짝 여위면서 나는 천천히 가라앉는다.
부재중. 삶이 조금씩 꽁무니를 감추고
나는 부재중, 아픔도 없이, 턱까지 차오르는
광기를 향해 천　천　히
돌아선다. 알고 있었어.
진작부터.

나의 병 4

그러므로 바야흐로 내가 깨닫나이다.
내 존재라는 병의 병원(病原)인 **존재**여,

태어남과 함께 끝장인 것을 태어남과 더불어
타락인 것을 오 맙소사 창조의 신비여,

그러므로 내가 그대 곁에서 깨닫나이다.

외로움과 기다림과 그리고 외마디 절규로
내가 지겹게 깨닫나이다. 지금, 여기에서,
삶이 역병인 것을.

"태초에 말세가 있었느니라."

우리에게 가르치소서 우리가 벌레인즉 벌레답게
빌붙게 하소서, 당신의, 온갖 말도 안 됨에,
이 존재라는 스캔들에.

<

(그러나)

내가 거꾸로 되짚어 이제 당신을 뜨나이다, 언제,
당신이 어쩔 수 없이, 우리를 우리로서, 꼭 그만큼으로서
불러들여 정착시키도록, 언제, 우리가,
우리의 자리에, 꼭, 우리의 있어야 할 만큼 있을 수
있도록,

내가, 살아서, 외로움과, 외로움의 핏물 떨어지는
실체감으로

지금은 당신을 등지나이다, 통촉하소서, 나의 **존재**여.

어느 밤의 울기

(졸렬한 연습, 별 각성도 없이, 내친김에,
 기왕 낮아진 김에, 죽음이 아니므로 삶인 정도의 삶
속에서)

 울다, 울다, 비우다, 끄집어내다,* 더욱더 절망하다,
 기왕 간 김에, 가다, 막가다,

 악화는 악화끼리 친하다, 진작에 양화가 없는
판이었으므로
 더욱 그러하다, 잠깐! 세계?

……………………

 그걸 들먹이면, 구신인 내가
 새삼 사람이 될까, 사람? 세계 안의?

 세계 안의?!

……………………

나는 되짚어 묻는다, 수치스러움으로라도 어떻게
발을 내리기 위하여, 내둥 빙빙 도는, 이 모든
구체적인 나의 넝마**들을 향하여
눈을 부릅뜨고, 너 말이야! 라고.

절망은 구체적이다, 이를테면, 시대여,
그대가 나를 얽어매는 만큼,
그런데 오 그것과 마주 서 있는
이 무방비의 구신을 좀 보시라.

---

* 끄집어낼 것이 있었던가. 오 진절머리 나는 자아여.
** 어느 주부 백일장에서 당선된 여자 시인이 이렇게 썼다. "자아여,
  오 내 재산의 전부여"라고. 나는 머리털이 죄 곤두섰다. 왜냐하면 내게
  자아는 넝마이기 때문이다.

나의 (시)
—삶은 각질이다. 따라서 언어도 각질이다.

정해져 있는 모든 테두리들을 향해
또는 체제라고 불리는 모든 삶의
딱딱한 껍질들을 향해—나의 시, 오 빨개벗은 연체동물
나는 시의 혓바닥으로 '아니'라고 말한다.
그대는 꼬물대며 기어간다—비효율적!
어느 천 년에⋯⋯아닌 게 아니라 걱정스럽기는 하다.
그 기약 없는 절대성의 존재 놀이⋯⋯

나는 축적된 생명의 모든 물량적 양식(樣式)을,
형태를 내용을 빠져나온다. 나의 달팽이는
속살만으로 성벽을 기어내려온다⋯⋯ 오 그대에게
내 궁극의 기원에게로 돌아가기 위해.

나의 달팽이는 알고 있다. 이 삐그덕댐이
긍정적 징조라는 것을, 혼, 안개 무리, 또는
언어, 또는 우리가 신이라고 부르는
존재의 궁극에 대한. 감(感)만으로 나의 달팽이는
최소한 지향한다

〈
(길은 도처에 있고 길은 아무 데도 없지만)
따라서 시여 나는 그대의 덕성으로
삶 앞에 막바로 맞선다…… 나,
앞뒤로 인연의 끈을 주렁주렁 엮어든,
축적된 만큼의 행위로 결정되는
구체적 삶과 무관한 (내)가.

나의 영혼의 내벽이여 잠재태여 물렁살이여,
그러므로 갈망하는 만큼 네가 되기를,
너, (너)의 창세, 그리고 동시에 (너)의 말세인 너,
그러므로 되기를―될 수 있는 것이.

(집―우리는 꼭 한 채의 집만 짓는다 조갯살인 존재여
네 영혼의 크기에 꼭 들어맞는 집 한 채―
절대의 집―될 수 있는 것=되어아 할 것)

꿈꾸며, 시여, 나는 무너진다.
삐그덕거림, 나는 목마름으로

사막을 건넌다, 사막—나는
텅 빈, 태고의, **무관한** 집을 꿈꾼다.

불면
―추함에 길들기 1

잠이 안 온다. 까치머리. 둥둥
　마흔 살이 다 되어서도
　스스로의 추함을 다스리지 못하는. 둥둥
　내 사는 모양. 밤중에, 까치머리를 하고.

　삶? 소문? 꿈?

잠이 안 온다. 장자 씨, 나비,
　혹은 듣던 대로, 나비 씨의 장자?
　둥둥 떠돌며, 나는 꾼다(또는 꾸어온다),
　이 난장의 꿈.

　오, 나의 나비여 그러면 얼마나
　그대는 악몽을 꾸고 있는가
　이 추악한 내 중년의 몸뚱이를
　떠도는 더욱 흉악한 나비여.

　용서하지 말아라. 죽여버려라.

<
잠들지 못하며 나는 다시
  나의 생존에 침 뱉는다.
  죽여버려라, 냄새나는
  까치머리의 여자. 둥둥
  떠돌수록, 오, 생생하게 체적을 탈취하는

오 자아. 지옥의 볼륨. 삶.
죽여버려라. 저, 끔찍한 괴물.

화장
— 추함에 길들기 2

내가 내가 아니었어도 아무렇지도 않았을 테지, 그러면서
나는 이 끔찍한 서른 몇 살의 팅팅 불은 두부를 바라본다.
두부여. 두부여도 하나도 부끄럽지 않을 때, 사실은 나는
굉장히 무섭다. 정작 그때부터 마음 놓고 나는 두부가
되어갈지도 모르니까.

무서워, 나는 작게 조바심친다.

언젠가 나는 겁도 없이 그대에게 말했지. 아닌 게 아니라
이젠 추해지는 게 무섭지는 않아요, 라고. 나는 푹푹
썩으면서 물귀신처럼 그대를 끌어넣으려고, 뻘밭처럼.
아니, 그렇지는 않다, 사실은, 나는 내가 나인 것이 견딜 수
없어서 그냥 내다 버리는 거지, 나를, 두부가 되기 싫어서,
나는 내가 아니고 싶어서 아무렇게나 내가 되는 거지.

하느님, 다시 만들어줘요.

<

나는 푹푹 찍어 바르고, 분칠을 하고 법석을 떤다.
화장하는 두부, 아 웃기는 일이지.

나는 머섯이콜, 나는 언제나 머섯이콜.

지하철에서
―추함에 길들기 3

낮에 애들 앞에서 어설픔으로 진저리 치며 그러나 꾹꾹
눌러 참으며 글쓰기와 꿈꾸기에 대해 이야기하고, 그리고
나는 참을 수 없어서 종일을 굶었다, 견딜 수 없었다, 이,
수없는 말들, 허망함으로 이빨을 가는, 오 떠도는, 우리가
만들어낸, 저 넝마들을.

이 턱없는 삶. 나는 밥풀딱지같이 세계라는 밥그릇의
가두리에 붙어 있다, 용서해다오, 세계여 또는 밤이여, 나는
있는 힘을 다해 몸을 들어낸다, 바깥쪽으로?

밤에, 지하철 창에 비치는 어떤 한 여자, 안의 짐승이
울부짖었다. 맞아? 틀림없어? 너냐구, 그래? 그리고
묵시처럼 찾아오는 눈물…… 우리가 이름 붙이지 못하는
어떤 알맹이를 향하여 나는 떨며 떨며 서 있었다.

나는 그 여자를 향해 기어갔다, 날지 말자, 어쨌든
당분간은. 나는 통곡하며 그 여자에게 빌었다, 제발, 너라도
되어야 해, 그렇게 하자, 그것으로라도 나 스스로의 유령이
되지 말아야 한다.

또 가을

나는 내 망가지고 푹 꺼진 영혼의,
그러나 왠지, 글쎄 왠지
아주 가버리지는 않는 이 영혼의,
올이 터질 대로 터진 이 지쳐빠진 영혼의,

한구석에서 몇 가닥쯤
유년의 살기운을
또록또록 띤—어쩌면 인상에
불과한 것일지도 모르지만—
맥을 몇 개 찾아낸다,
곁눈질로

릴케 씨, 또는 그때 내 투명한 살에
무참히 내려와 박히던 저
잔인한 태초의 순수, 그래서

다 망가진 이 겉옷(늘, 언젠간,
맞게 될 거야, 라고, 내가, 늘,

내면에서 얼마나 나의 살을
밀어붙였던가, 대체로
가슴 근처에서 바람으로
볼륨을 때우는 정도로 끝나긴 하지만)
을, 너풀대면서 내 곤한
영혼이 울음을 터뜨린다. 오 하느님.

제발. "무슨 일이든 일어나게 해주소서."

그래서 릴케 씨, 내 삶 위로, 그래도
오늘 한 번 더 서늘한 바람이 분다.

내가, 얼마나, 이 망가진 시간 속에서

삶이, '무슨 일'이기를 바라는지,
기껏, 손가락이나 물어뜯는,
자기 학대의 방편밖에 없으면서도
나는 깨닫는다, 다시 돌쳐 꿈꾼다.

<

삶을 나날이 저지르는 사건, 순간순간의
날선 각성으로 지니기 위하여.

가을—또는 임박한 밤샘.

나의 시
— 약한 너에게 기대어

 그가 왔다. 살금살금, 자신 없어하며, 나의 눈치를 보며. 얘, 하고 그가 불렀다, 얘, 나 좀 볼래? 내가 말했다. 넌 누구니, 주눅 들어있는, 영양실조의 너는?

 그 애는 정말로 고개를 떨구고, 쩔쩔매면서, 손을 쥐어뜯으며, 땀을 뻘뻘 흘리며, 금방 눈물이 터질 듯한 눈으로, 말했다.

 "그런데 말이지"

 "하기는 말이지"

 나는 너의 자신 없음을 지킨다, 아, 제대로 자라지 못한 나의 짝꿍이여.

 늘상 어쩌면 이렇게 해거름의 시간에 우리는 외로이 한 의자에 앉는 것일까. 쓸쓸하게, 그 쓸쓸함으로 서로를 알밖에 없는 것처럼.

<

"얘 하지만 얘"

우리는 가만히 서로에게 기댄다. 세상은 빛으로 빛나는 것을, 눈뜨는 법만 배우면, 우리의 시간은 신나게 번쩍이는 강인 것을,

나는 그 애를 토닥거려준다, 자, 배워야지, 안 그러니,

살아 있는 동안 말이야. 다행히도 살아 있는 동안 말이야.

나의 시
— 죽음과 더불어 살기

그때 천사의 날개로 퍼덕이며 무형의 공간을 헤집으며 날아오르던
너의 힘센, 순결한 움직임을, 그 상향의,
형태 없는, 존재로의 비약을

나는 아직도 기억하고 있다, 잡히지 않는 유령이여.

몸을 얻기 위해 내 깜깜한 비천한 창고 속
와글거리는 흐느낌 속을 뒤척이던 아
순결이여, 내가 그대를 향해 일껏

퍼줄 수 있는 것이 이 덜덜 떨리는 예감뿐인 것을,
어쩌면 그대 자신 진즉부터 알고 있었던가.
내 가난한 넝마의 혼 안에서 울부짖는 날개,
피투성이로. 피투성이로.

울며, 뒤채며, 안으로만 날이 서는 이
끔찍한, 삶이라는, 내향성의, 양날의 톱니 사이에서

으깨어져라 시여 죽어라 시여,

내가 그대를 이렇게 지겹게 떠나지 못하므로,

죽어라 시여, 적어도 그렇게
그대 내 필멸의 뻔한 삶을
더불어라. 퍼렇게 살아 눈뜬 채로
잠자지 않는 나의 기(氣), 오 성스러운 망할 끼여.

나의 시
—무한의 받아쓰기

말씀이여 그대가 내게서 삶의 땅을
  점점 더 빼앗으셨나이다
    내가 설 자리 본즉
      발 내릴 수 없어
        까치발로
          간신히
           서나이
            다

본질에 첨예해지는 덕성 대신에
말씀이여 그대가 얼마나 황당히
내게서 삶의 물량을 앗으셨나이까

나는 끝에 민감해지나이다
최소한의 체적으로, 뭉뚱그려진
    한 점으로
      대롱대롱
        여기에

매
  달
    려
      있
        나
          이
            다

바늘. 말씀이여. 내가 뾰쪽하게
이 일회의 삶을 배반하나이다

어느 날이었더니까…그때…깜깜한…내…영혼의…
밤…뻔한…그러나…기다림으로…최소한…지향하는…

그 밤 안에서 나는 느닷없이 당신을 만났더니다, 혹은,
그런 듯했더니다

당신은 누구십니까

<

그리고 나는 대번에 들었더니다

"나는 **먹물**이니라"

하오면 부정형의 예감이여 내게 무엇으로 절망과 마주
서라 하시니까
 이 끝에 민감한 영혼의 뾰쪽한
 자질로 당신을 푹푹 찍어쓰리이까 오 **혼돈**이여

이 사방 천 길이 벽으로 벌떡벌떡 일어서는
 턱없이 확실한 구체성의 적의를 상대로?

절망적인 시법(詩法)

나는 구체성의 원수이다.
나는 구체성을 향하여 돌진한다.
죽어라.

나는 아무렇게나 말한다. 요컨대, 나는 아주 잘 말한다.
사실은 아주 잘 말하고 싶을수록 나는 아무렇게나
말한다.

나는 시니피앙을 들이대며 악악댄다.
                (요컨대 나는 들키기 싫은 것이다.)

숨겨진 옷자락 가늘게 흔들리는…내가 숨죽여 이토록
사랑하는…보여줄 수 없는…세상은 거칠어…작은
아니마.

나의 예쁜 병균. 나는 그것과 더불어 꽁꽁
자폐의 형식을 음모한다. 모반.
알지… 세상에선 딱딱한 형식만이 득세한다.

봄

날개. 봄날. 감기의 뒤끝.

  비발디. 초원.

그리고 하느님 나는 당신을 생각한다, 참을 수 없이
  이 날개들의 버석임들
  작게작게 기원을 향해
  저토록 보시락거리는 저 가여운

  딱한 갈증들을

감기가 나를 외국 땅에 데려다 놓았지
  그리고 내게 속삭였어
  잊어라 네 조국을

  그래서 하느님 나는 감기의 꼭대기에서 가볍게 튕겨 올랐어 그리곤
  버리는 거야 안녕 무게여

<

 비발디. 초원. 흐느끼듯이. 봄날

 아모로소—내 안의 날개들이
 아모로소—추었어. 봄날. 망명 중인 육체의 춤을.

하느님 아아 이 가벼움을, 나는 울면서 하느님이라고
불러

L씨의 주검에게

푹푹 썩자, 나여, 적극적으로, 썩어문드러지자, 지금은 생생한 나여,

세상에—알아?—내 가슴이
그때—그대의 모욕당한—그—존재의
껍질의—너덜너덜한—게다가—그리고—나는—눈
돌리지 않았어—나는—그—천연색
사진을—꼼꼼히—들여다보았어—

나는 울지 않았어, 왜냐하면 감당했기 때문이야.
나는 호들갑을 떨지 않았어. 내 안에서 뽀글뽀글 아주 천천히,
세목의 분노가 치솟아 올랐어. 그래도 나는 흥분하지 않았어.

나는 다 내다 버렸어. 그때 거짓을, 우리가 삶이라고
적당히 겉옷 입혀 흥흥 참아내던 너절한 양식을,
역사라는 미명의 폭력을, 내가 사회라고 부르며

어정쩡하게 기다리던 공동의 운명에의 희망을.

왜냐하면 젊어서 죽은 자여, 나는 죄다 싸안기로 한 거야.
통째로… 아예… 모두…

나는 그대를 안고 사는 거야, 확실히. 나는 공범이야.
아시지. 누가 그렇게 공개적으로 썩어가겠어.
그날 이후로 나는 (아주 열심히 썩으면서)

아무 말도 친구들과… 나누지 않기로 했어…

세계는 덫으로 우리들 한 사람 한 사람의 날개를 꺾고,
나는 잠자던 내 피멍들의 까만색 울혈들이
다시 그 덫을 향해 법석이는 소리를 들어.

당당한 파멸에의 예감. 침묵과 침묵의 골에서
날선, 삶의, 시퍼런, 생생한, 기운들이, 죄다, 덫을 향해
일어서는 소리… 꼭 한 번 살고, 꼭 한 번 죽는 자들의…
죽여라, 그럴 수 있거든. 죽여라, 백 번이라도.

다시 오월

절망. 또다시. 잠시 잠들어 코 박은 내 영혼 밑바닥에서
밀었어…라고…들썩이는

핏줄들. 알리바이?
어림없어. 일어나.

이럭저럭 세월은 갔다. 사실이다. 나는
살아남은 내 그림자의 주인을 바라보았다.
허깨비…라고, 내 안의 핏줄들이
중구난방으로 떠들어댔다.

물어보겠다고? 비교적? 쳇, 무엇에 비해서?

니는 내 말들의 모든 가시들을
잘라냈어. 불편해서 견딜 수 없었어. 노냥. 별수도
없으면서
대책 없이 뾰족한 것들. 게다가. 안으로만 솟아나는.
가시들.

<

(스퀘리. 시선에 대한 질문. 가시 돋친 안경)

대책도 없이 나는 기준을 찾았다.
안심하고 싶었어. 내 뾰족함의 끝에서
거의 보일락 말락 하는 에센스…이따금…졸았어…
지치면.
알리바이가 필요해. 가끔 미칠 듯이 감질나게
지평선이 보였어. 저 너머의.

나는 다시 울어. 오월, 살아 있는 일이
아아 아직도 추문이야, 현장의 추문.
나는 여전히 현행범이야. 오월 다시 오월은 오고.

나의 시
―여기에서, 언제나 여기에서

내 시?

날개? 좋아하시네. 하늘? 웃기시네.

물이다, 비정형, 형태를 거부하는 의미로라면, 글쎄,
조금은.
 그, 막무가내의, 목 빼고 있는 형상을 보시라, 불쌍해라.
 잠 안 드는 아니마여, 열심히, 하늘을 베끼는 탁한
물이여.

(용서하시라. 시 아닌 그 무엇으로 더 효과적으로
꼬장을 피울 것인가. 자유혼에 단단히 중독된
독자 제위여. 잘 아시다시피)

사실은 그렇다, 이 턱없는 시도, 물질의 저 너머 혼까지,
뒤적거려내려는, 이 맹랑한 모반, 여기 뻘밭에서,
정신의 뿌리까지 단단히, 발목 붙들린 주제에, 더욱이,
아시지, 저 가망성 없는, 비물질에 귀신들린 진성 징후군.

(저주받아라!)

　그러면서도 여기 이 자리, 한 치도 떠날 생각이 없음,
그러니,
　알 만하시지, 내가 얼마나 적극적으로 나를 내게서
소외시키는지,
　이 시라는 덕성으로.

　그러나 천만다행히도 나는 알고 있다, 내 시가 내 삶의 터,
내 뿌리, 내 인식의 싸움터인 것을. 그러니 내가
역사와 탈역사의 꼭 가운데에서
팥죽으로 끓는 연유를 이해하시라.

　그리고 이 밥그릇, 물과 체적이 뒤엉켜
보다 적극적으로 적극적으로라고 외워대는
이 난감한 장(場)에서,

　내가 아무것도 버리지 않음을, 용서하시라.

내가 이 뜨거운 죽그릇에 연연함을,

감당키 어려움에도.

소설을 읽지 않는 이유, 또는
막가는 나의 시법(詩法)

나는 줄거리를 참을 수 없다. 나는 일상을, 역사를 참을 수 없다.

즉 나는 발단과 결말을, 원인과 결과를, 요컨대 얽힘을 참을 수 없다.

말은 궁극적으로 무엇에 봉사해야 하는가.

부재에…라고 나는 생각한다.
또는 자유에…라고 나는 생각한다.

체적에 대한 혐오. 상대성에 대한 혐오.
내용과 거기에 가슴 얽어 넣기,
구질구질한 연연함에 대한 혐오.

본질의 가출, 존재의 가출.
나는 빈집 앞에서 잉잉 운다…하느님…어디 있는 거야

엄마 버리기, 또는 뒤집기

— 부정의 코기토를 위하여
"나는 내가 아니려고 한다.
　나는 내가 아닌 만큼만 나이다."

1. 연습

갑자기 나는 무(無) 안으로 뛰어들었었다. 그때, 자그마한 국민학교 걸상 위에서, 내 몸을 허공으로 낚아채던 일탈 …갑자기 나는 아무것도 아니었었다.

시간…칠판…색종이…지우개…손…내 손…그리고 윙윙 울리는…소리…넌 누구니…누구니…왜…여기…있는 거니…갑자기 '나'는 뿌리부터 뽑…혔었다…갑자기 나는 아무것도 아니었었다.

그리고 느닷없이 수천의 누군가가 내 이름을 불러대기 시작했다. 3인칭의 자아. 그 목소리들은 달아나려는 자아의 목덜미를 낚아채려는 듯이…얘…정란아…수천의 동굴 벽 안에서, 태고의 음산함까지…어쩌면 몇 백 년 전의 내 선조들까지도…그때 내가 느끼던 존재의 이물감. 아 빽빽해라고 나는 머리를 흔들었다…아무것도…내가 나이게 하는 보장은 없었다.

나는 낯선 내 손가락을 내려다보았다. 내 손가락? 그렇게 말할 수 없다. 그때 내가 아무것도 아니었듯이 그 손가락 역시 아무나의 손가락이었거나 또는 아무것도 아니었으니까…그리고 내 안에서 어린 내가 감당할 수 없는 폭풍이 불어닥쳤다…예감의 바람, 이라고 나는 뒷날 이야기했다…폭풍. 나는 비명을 질렀다. 왜냐하면 그 바람은 그대로인, 규정된, 내 표피를 안에서 마구잡이로 밀어대었으니까. 나는 깜깜한 공중 위에서, 한참 동안, 빵빵해진 어린 몸뚱이를 부둥켜안고, 뒤흔들렸다.
 …바람…존재의 시원에서 불어닥치는…

나는 그런 경험을 '연습'이라고 불렀다. 왠지 모르면서,

그냥, 그런 기분이었다. '연습'의 순간은 자주 왔다.
그때마다 내 안에서는 꺼끄러기들이 자라났다. 아 뻑뻑해,
하고 나는 자꾸 말했다.

2. 연습 — 유년의 끝. 그해 여름
— 다시 연습 중이었다. 나는 '남북고아원' 앞을
 달려가고 있었다.

 그때, 어떤 이름 붙일 수 없는 우연에 떠다밀려, 하필
나는 고아원 앞을 달려가고 있었을까, 그리고 하필 그
고아원의 이름은 '남북'이었을까,

 그때, 나는, 무엇을 향해, 알 수 없는 불안에 떨며, 그토록
달려갔었던가, 또는 무엇으로부터 도망쳐 나왔던가, 아니면
쫓겨났었던가. 그때, 내가, 바야흐로, 고아가 된 것을,
나는 아주 훗날에야 알게 되었었다. 오랫동안, 그 순간의,
설명되지 않는, 아주, 빽빽한, 긴장의 밀도를, 한 방울도

놓치지 않은 채로, 내 영혼은 기억하고 있었다.

갑자기 나는 안경을 떨어트렸었다. 내 기억은 멎는다.
사건은 그것뿐이다. '남북고아원' 앞에서 달리다가, 나는
안경을 깨먹었다. 그런데, 무엇 때문에, 나는 오랫동안, 그
사건을, '유년의 끝'이라고 기억하고 있었던 것일까.

안경알은 내 의식 속에 생생한 실감으로 남아 있다. 파편.
천천히. 땅 위로 흐트러지던. 그러나 그때 내 의식의 내벽에
촘촘히 박히던 그 유리 조각들은 땅 위로 떨어지는 것들이
아니었다. 그것들은 튀어 올랐다, 아주 발랄하게. 그리고
시간이 빠져나갔다.

그 시원(始原)의 물속, 시간의 블랙홀 안에서, 마치
물고기들처럼 푸드득거리며 번쩍이는 비늘의 바늘을 내
의식 안에 꽂아두었던, 유리 파편들. 고아원과 물고기.

3. 적의로서의 코기토

 언제부터인가, 내가 실존을 상처로 깨닫기 시작한 것은, 어째서, 내 유년의 자아는 온통 세계 앞에 싸움꾼으로 자리를 정했던 것일까, 무엇이 삶을, 내게, 선험적으로 불편한, 그 무엇이 되게 만든 것일까.

 교탁 위에는 아이들의 이름이 붙여진 좌석표가 놓여 있었다. 어느 날인가, 그 좌석표들을 들여다보면서, 나는 아이들에게 맹랑하게 말했었다. 난 느이들이 미워. 느이들을 미워한다는 것이 내가 살아 있다는, 유일한, 구체적인, 증거야. 나는 지독히 싸웠다. 늘 피투성이였다. 열 몇 살의 여자 아이가 감당하기에 싸움은 늘 버거웠다. 나는 그 비효율적 싸움을 치열함으로 오해했다. 나는 늘 혼자였다.

 지독한 외로움. 정확히 말하자, 내 유년의 치욕인 외로움. 사실은 나는 나를 증오했다. 아, 나라는 형식의 꺼끌스러움,

늘 지저분한 창고인 나의 존재. 털북숭이 쥐들이 그 안에서 비열한 눈빛으로 바깥을 힐끔거리고 있었다. 나는 내게 속한 모든 것을 증오했다. 나의 가계(家系), 들끓는 유전적 광기. 나의 살. 나는 나의 원수였다.

4. 무덤의 꿈

나는 어느 폐가의 대들보 위에 앉아 있다.

나는 박쥐다. 나는 내 추악한 몸뚱이에 붙은 더욱더 추악한 날개를 내려다본다. 암은. 추악할수록 나의 존재는 설득력을 가진다. 나는 털북숭이 날개를 크게 펴본다. 그리고 휘익휙 날아본다. 괜찮은데.

눈 아래에서는 누군가가 땅에 묻히고 있다. 나는 그것이 내 시체임을 대번에 알아본다.

<

  그리고 그 주위에 둘러서 있는 사람들. 내가, 아주, 익히, 알고 있는, 얼굴들, 그들은 잉잉 울거나 한숨을 푹푹 내쉬었다. 가여워라. 이 나이에.

  내 안에서 '아니'라고 아우성치며 분노의 물줄기가 솟아오른다. 나는 '아니야'라고 고함지른다. "나는 얽히기 싫어." 그리고 보라, 내 육체의 늘어나기를. 나는 내 안을 섬뜩하게 휘돌며 바깥으로 빠져나가는 그 무엇인가를 느낀다. 손톱! 나는 내 몸을 팽팽히 당긴다. 아, 그때, 나는 얼마나 일사불란한 기준과 비율로 내 기왕의 육체를 늘리는 것인가. 아 그리고 그 기준은 얼마나 확실히 '절대'에 기대고 있는가.

  나는 자신 있게 손톱을, 가지런히, 내 존재의 지평선과 명쾌하게 같은 각도로, 같은 방향으로 정렬한다. 그리고 나는 징징대는 자들을 향해 돌진한다. 아니, 오히려 나는, 명쾌한 형식 자체의 덕성에 의하여 내 앞으로 튀어나간다. 내가 내가 '아닐' 때, 오 얼마나 나는 나이면서도 힘세고 아름다운가.

5. 무덤의 꿈 — 엄마 뛰어넘기

 사방에서 열기가 솟아오른다. 훅훅 숨 막히는 더위, 그리고 사정없이 무엇인가가 썩는 냄새가 후텁지근한 공기 안에 떠돌고 있다. 더워, 참을 수 없어. 나는 사방에 내 무릎을 덮을 만큼 빽빽하게 자란 잡풀 더미를 헉헉대며 헤치고 나아간다. 무얼까, 이 더위와 악취의 정체는.

 나는 한 구석쟁이에서, 잡풀 더미 사이에 감추어져 있는 무덤을 하나 발견한다. 무덤은 파헤쳐진 석관을 하나 드러내 보이고 있다. 절반쯤 뚜껑이 열린 석관. 그리고 부패되고 있는 시체. 시체의 상방신은 석관 뚜껑으로 가려져 있다. 얼굴을 알 수 없는 정체불명의 몸뚱이.

 그런데 누구일까. 내 안에서 자신 있게 말하는 이 음성은? "그건 엄마야, 그 무덤을 뛰어넘어야 해." 내 몸뚱이는 그 자신 있는 목소리의 경쾌함에 실린다. 나는 가볍게 그 무덤을 뛰어넘는다. 가볍게. 나는 전혀 엄마에게 미안하지 않다.

6. 집짓기 — 나 혼자 살기, 바깥에서

(언제부터 나는 걷고 있었던 것일까. 내가 내가 되는 길은 내 밖으로 자꾸만 걸어나가는 것이라는 것을 나는 언제부터 알게 되었던 것일까. 나는 나일 수도 있고 다른 누구일 수도 있다는 두려움. 그러나 그, 그 누구일 수도 있는 나 안에서 어떤 분명한 인식의 메커니즘이 나를 향해서 자꾸만 걸어가는 것을 나는 알고 있었다. 버릴 수 없는 감옥,)

나는 모래펄 위를 걸어가고 있다. 자연스럽지 않은 걷기. 나는 풍풍 빠지며, 엎으러지며, 가까스로 낑낑 앞으로 걸어간다.

그런데 처음부터였을까, 이 무수한 타자들의 동반은?
언제부터일까, 그들의 동반을 받으며 내 시선이 불편해지기 시작한 것은?
나는 아주 갑갑했다. 그래서 이따금,

<

짐짓 모래밭 위에 주저앉았다. 나는
가버려…라고 속으로 말했다…
나는 손으로 모래를 쥐어들었다, 그리고,
망연히, 손가락을 빠져나가는 모래들을 들여다보았다…
소실…백 년 전쯤부터 나를 동반해왔을지도
모르는 무수한 타자들이, 나의 손가락 사이에서
대책 없이 흐트러지는 모래들을 지켜보았다.
대체…넌 무얼 집어 들려는 것이냐…라고,
참을 수 없이 불편한 그들의 시선이 말했다.
 철저하게 무언(無言)인, 그러나 철저한 참견인 그들의
시선.

 나는 다시 걷기 시작했다, 아니, 오히려, 우리는 다시
걷기 시작했다.
 웅성거리며, 절대로 일정한 거리 이상 다가오지 않는
그들…
 그런데 어째서 이토록 지독하게 나는 그들과 더불어
인식하고 있는 것일까.

우리는…그렇다, 바다로 가고 있었다.

바다 가까이에서 바람이 불어왔다. 그곳에는
뼈대만 얼추 세워진 집이 한 채 있었다. 우리는
그 집으로 다가갔다. 누군가가 말했다. 니가 지은 거니,
니 집이니? 그런데 웬 집이 온통 창문뿐일까,
얘, 무슨 집이 이러니, 그리고 우리는 킬킬 웃으며
그 집을 들랑거렸다. 집이래…끼끼…이게…집이래……
우리는 창문뿐인 그 집을 쉴 새 없이 들랑거렸다.
그렇지, 집…덜커덩대는, 온통 열려 있는, 있거나 없거나 한 집.
안이거나 바깥이거나 한 집, 존재이거나 부재이거나 한 집.
아아 지향(指向)인 집.

나는 바닷물 속으로 들어갔다. 아니 우리는 바닷물
속으로 들어갔다.
그리고 비로소 나는 그들을 바라보았다. 맙소사, 나는
처음으로 알아차렸다, 그들이, 우리가, 똑같은 얼굴을

가지고 있는 것을.

 넌 누구니…누군가가 대답했다…난 나야…다른 누군가가

 또 말했다…난 나야…우리는 똑같이 말했다, 난 나야.

 우리는 태아처럼 물 위에서 퐁당거리고 놀았다.

 하지만 우리 중의 누군가가 갑자기 말했다.

 우리들의 엄마도 다 엄마야? 그래? 엄마는 어때? 부정할 수 있어?

 느닷없이 불안의 태풍이 불어왔다. 우리는 갈팡질팡 허둥대기 시작했다.

 갑자기 혼란이 우리들을 붙잡고 공중에서 패대기쳤다.

 우리는 하나씩 하나씩 뽀글뽀글 거품으로 사라졌다.

 나는 끝까지 물 위에서 떠돌고 있었다. 모든 나들이 거품으로

 돌아갈 동안…나는 그 중의 어떤 다른 나도 끝까지 남아있는 걸

 보았다…넌 누구니…우리는 서로에게 물었다…모르겠어.

우리는 서로에게 다가갔다…우리는 하나가 되어야 해…
우리는 서로 꼭 끌어안았다. 우리는 서로의 안으로
삼투해 들어갔다.

얼마나 시간이 지났을까, 단 하나인 내가 다시 모래펄로
기어 올라갈 때까지…나는 내 벗은 몸뚱이를
내려다보았다.
가슴에 커다란 구멍이 뻥 뚫려 있었다. 지독히 추웠다.
그 구멍으로 윙윙 소리를 내며 온갖 것이기도 하고
아무것도 아니기도 한
바람이 씽씽 불었다. 나는 바람을 견디기 위해서
낮게 낮게 몸을 굽혔다. 천 년과 또 다른 천 년으로
불어 가는 바람의 낮은 웅성임. 나는 귀를 기울였다.
나는 막무가내로 앞뒤로 흔들렸다.

7. 탈출

나는 나를 빠져나온다. 살들이 비명을 지르며 찢어진다. 살들이 끝까지 저항한다. 어느 순간, 나는 갑자기 놓여난다. 그리고

깊이를 알 수 없는 암흑 속으로 나는 던져진다. 나는 대번에 아무것도 아니다. 그러나 이것은? 끝까지 남은, 나라고 인식하는 주체는?

그건 **너**의 싹이지. 채찍처럼 허공을 가르며 나타난 번쩍이는 존재가 말한다. 움직일 수가 없어요, 내가 말했다, 난 어디에 있는 건가요. 그가 다가와서 내 주위를 빙빙 맴돌았다. 자, 이제 시작하자, 이제 시작하는 거야. 그가 내 존재를 손으로 감싸 안았다. 그가 그것을 토닥거렸다.
 …이 혼을 정착시키소서…나는 따뜻해졌다…나는 나이거나 또는 전부였다…아슴푸레…나는 그의 음성을… 들었다…이 혼을 정착시키소서…나는 깊이 깊이 허공 속으로 날아 들어갔다…빛…

8. 작은 악마 — 비행 연습

 은빛 공 하나가 내 방 창문으로 미끄러져 들어왔다. 어느 날 갑자기. **BOOOOOM**
 경쾌하게. 햇살처럼. 아주 귀엽게 반짝이는 앙증맞은 공 한 개.
 그 공 속에서 꼼지락 꼼지락 무엇인가가 기어 나왔다. 그것은 뒷걸음질로,
 한참을 뽀시락거리다가 겨우겨우 힘들게 은 공을 빠져나왔다.

 에계계…내가 말했다. 맙소사, 넌 누구니. 때굴때굴하기도 해라, 쪼그만 게.
 안녕…그가 말했다. 난 악마야. 맙소사, 악마라니.
 나는 그의 보랏빛 몸뚱이를 바라보며 말했다. 신통치 않구나.
 보라색 악마라구, 믿을 수 없어 얘. 빨강이나 까망이 아니구

중간색 악마라니, 웃긴다 얘. 그가 주둥이를 삐쭉거렸다. 쳇, 아무렴 어때서… 그리고 그는 꼬리를 쳐들어 보였다. 아셔? 요건은 다 갖춘 셈이니까, 작은 데다 팥죽색이긴 하지만.

나는 쿡쿡 웃었다. 아아 어중간한 나의 악마여. 나는 그에게 물었다.

이름이 뭐니? 그는 자신 없이 대답했다. 라오콘이야.

나는 이제 맘 놓고 그를 깔보았다. 알 만하다 얘, 악마가 고통받는 자의 이름을 가지고 있다니. 교훈적이구나, 악마가 되어서도

자유롭지 못하다니. 글쎄, 그러니까, 라고 악마가 내 말을 가로챘다.

그러니까 말이야.

그리고 팥죽색 악마는 내 앞에 꼬깃꼬깃한 종잇장을 하나 내밀었다.

서명해… 어쨌든… 꼴은 갖추어야 하잖니…

그러자꾸나. 나는 밍밍한 종잇장 위에 도장을 빵빵 찍어주었다.
  내 이름이 꽃처럼, 그럴듯하게, 꼬질꼬질한 종이 위에서 팔랑거렸다.
  그럴듯해, 나는 내 어쭙잖은 악마를 보며 말했다, 일단은.

  그리고 나는 날기를 연습한다. 내 몸뚱이의, 모든 땅굽성 기질의
  뿌리를 나는 내 몸뚱이로부터 절단했다, 낑낑거리며,
  나는 뒤뚱뒤뚱 위로 내 몸뚱이를 밀어 올렸다, 잘 되지는 않았지만.
  어느 순간, 내 푸드득거리는 두 팔 밑에서 서늘하게 감지되는
  기버움. 그리고 나는 부웅 날아오른다. 안녕, 기왕의 나여.

  나는 기막히게 매끄럽게 창공을 난다. 괜찮은데.
  그러나 언제나 비행은 무참한 추락으로 끝난다. 나는
  볼품없이, 와장창, 땅 위로 곤두박질친다, 말씀 아닌 귀환.

<

구석쟁이에서 보라색 악마가 희게 이빨을 드러내며 웃는다.

그는 종잇장을 흔들어대며 득의양양하게 말한다. 알겠니, 애야.

엑서사이즈야, 어쨌든. 그건 중요한 거야.

9. 뒤집기—달에서

우리는 달에서 살고 있다. 모든 것이 둥둥 떠다닌다. 게다가 모든 것은 되지 못하게 똑바로 서 있다. 비눗갑도, 칫솔도, 맙소사, 수건도 산 채로 둥둥 떠다닌다. 우리는 모두 돼지의 얼굴을 가지고 있다. 우리는 퉁퉁 대지 위에서 떠오른다. 어중간해. 우리는 참을 수 없이 서로에게 말한다. 미치겠어. 너무 어중간해. 하늘 너머에 보석처럼 투명한 별이 떠있다. 별은 무섭게 아름답다.

아름답구나. 돼지인 우리들이 말한다. 우리는 그 땅을

아름다운 별, '영원히 헤매는 자의 땅'이라고 부른다.
우리는 모두 그 땅을 동경한다. 언젠가 그곳에 가게 될
거야, 우리는 우리의 추악한 얼굴을 마주 보며 말한다.

 칙령이 발표된다. 누구든 원하기만 하면 사람으로 변할
수도 있다. 그 대신 '그곳'에 가는 일은 영영 포기해야 한다.
그들은 영영 달에서 살아야만 한다.

 몇몇 인사들이 사람이 되기로 결정한다. 그들은 줄줄
늘어서서 사람이 된 기념촬영을 한다. 현명한 결정이야,
사람이 된 돼지들이 말한다. 어쨌든, 죽치고 머물러 있을
수 있으니까, 합법적으로. '헤매는 땅'이여 안녕, 차라리
잘됐어.

 나는 구석쟁이에서, 돼지인 채로, 입을 앙다물고
야물게 말한다. 난 '거기'에 가고 말겠어. 돼지인
채로라도—말이지, '이곳'의 돼지인 채로라도. 언젠간 갈
거야. 이 갈증이 내 권리의 보증수표야.

10. 화해

I

조그만 소년 하나가 바닷가에 새장을 하나 들고 서 있다. 새장은 비어 있다. 바닷물이 출렁거리며 소년의 발께로 밀어닥친다. 바닷물 속에서 커다란 기타가 하나 솟아오른다. 기타는 물의 흐름 위에 가장 자연스럽게 실려 흔들린다. 기타 속에서 하얀 날개가 솟아나기 시작한다. 눈부신 희디흰 새. 새는 당당히 몸을 솟구쳐 날개를 펼친다. 새는 몸을 흔들며 날아오른다. 그런데 앗, 소년은 몸을 떤다, 새의 하반신에 징그럽게 매달려 있는 까만색 쥐꼬리!

II

나는 아래층으로 내려간다. 나는 종잇장 위에 그려진 돼지 여왕이다. 종잇장인 내 몸뚱이는 펄럭거리며 간신히 명목을 유지한 채 살금살금 아래층으로 내려간다. 왕관이 떨어질지도 몰라. 돼지는 조바심을 치며 납작한 치맛자락을 간신히 들어 올린다, 우아하게… 하지만 종이 돼지 여왕인 나는 자신이 없다.

 그런데 보라, 저 컴컴한 지하실에서 당당하게, 발도 없는
주제에 경쾌하게, 힘들이지 않고, 이층을 향해 매끄럽게
올라오는 저 물개란 놈을! 그 물개의 반들반들한 까만
가죽의 생생한 실체감! 그는 자신만만하게, 종이 여왕인
나를 거들떠보지도 않고 당당하게 이층을 향해 올라온다.

 말도 안 돼! 종잇장인 나는, 그 상대도 안 되는 실체감의
대비에 질려버린다, 나는 아래층으로 내려가다 말고,
물개가, 바로 내 곁 층계참에 이르렀을 때, 질투로 몸을
떨며 그 경쾌한 놈을 곁눈질한다. 여전히, 머리에 쓴 왕관이
떨어질까 봐, 전전긍긍하며, 어색한 꼴로, 목에 힘을 잔뜩
준 채로.

 그래도 그 층계참, 어정쩡한 내 자리에,
바깥의 밝은 햇살이 추억처럼 어른거리고 있다.
나는 잉잉 울며, 대체로 안심한다.

강시

                        앞으로만 콩콩 뛰는 형식

존재여, 나는 그대를 향해 그렇게,
정면으로, 언어의 손톱을 세우고 달겨들고 싶다.

콩콩.

언제나, 같은 정도로, 결코
들쭉날쭉하지 않게, 땅이 밀어낼 수
밖에 없는 정신의 게임.

햇살, 세시의 짐승

 갈증은 어디에서 오는 것일까. 오후 세시. 여름 햇살 아래에서 우리의 존재의 표피는 주름살 하나 없이 팽팽히 긴장된다. 충일. 존재의 꼭대기에 주저 없이 이르는 영혼. 존재의 발치에서 우리를 위로위로 밀어올리는 탈출하는 기질. 우리 안의, 기왕의, 나날의 구체성에 덜미잡혀 있던, 시원(始原)의 갈증이 폭발한다. 햇살 아래에서 우리는 갇혀 있는 우리를 떠난다.

 이윽고 해거름이 내리고, 다시 우리가 주름투성이의 존재로 주섬주섬 땅 위로 주저앉아 들쭉날쭉한 존재로 귀환할지라도, 우리는 우리 안에서 칼로 우리의 존재와 불화하는 저 햇살의 경험을 잊지 못한다. 그리움인 **존재**. 우리는 늘 쫓겨난 자로서 산다.

결핍으로서의 존재
―어두움의 기록 1

나는 어떤 어두움에 얻어맞은 것인가.
어떤 결핍에 의하여
내 실존은, 본질에 대해,
이토록 민감하게, 거의, 물리적으로
감을 잡으면서도,

어떤 형식의 부재에 의하여
이토록 그것으로부터 늘
이반 되는가, 대체,

세계의 밝음, 세목의 즐거움에서
놓치지 않고 그림자, 결핍의 예감을
감지하는 이―존재의 삐그러짐.

나는 머리를 쳐든다, 알 수 없다
이 절망의 뿌리에서 나를 지켜주는
이 지독한 갈증, 그것의
성실성이 얼마나 끝 간 데를

모르는가를.

나는 세목의 확인에서 빛의 예감에까지
철저히 움직인다. 일단은,
그 수밖에 없다. 얻어맞은 자아여

치유될 너의 아이덴티티를
꿈꾸며, 눈을 뜬 채. 세계의
세목으로부터 절대로
눈 돌리지 않은 채로.

결핍으로서의 존재
— 어두움의 기록 2: 뜨개질의 성찰

1

얽어매기. 형식을 존중하지 않을 수 없다. 아무렇게나?
천만에, 절차를 준수하지 않으면 절대로 물건이 되지
않는다. 혹자들이 말했다. 일단 빵부터 좀 불리지. 이스트를
팍 처넣어. 기왕이면 약점을 노리는 거야. 성급하게 만들어.
(국민의 84%가 중산층 의식을 가지고 있다) 뻥튀기된
아이덴티티를 주사하는 거야. 그 다음에 즤들이 어쩔
거야. 우리는 뒤죽박죽으로 얽혀들었다. 와중에 대놓고
망둥이들이 설쳐댔다. 무수한, 뻥튀기된, 절차 부재 시대의
영웅들. 진실이 아주 작은 소리로 흐느꼈다. 이 너절한,
둥둥 얽어맨 스웨터라는 역사. 대강 걸치지 뭐. 보여봐야
속살이지. 망신살이야 진작부터 뻗친 거니까. 제대로
만들자구? 어디에서부터?

2

1) 우리의 엔트로피. 자연으로서의 자아. 늘 무질서

쪽으로 움직이는 영혼. 절대로 혼자서는 스웨터가 될 생각이 없는 털실. 프리마 마테리아. 2) 대한민국 국민. 1953년생. 여자. 역사적 결정 요건. (뛰어봐야 벼룩이지) 털실은 뛰어봤자 바늘 위에서 논다. 재간 없다. 바늘의 길이와 굵기를 초월할 털실은 없다. 3) 엔트로피를 거부하는 어떤 성향 또한 우리에게 속한다. 실이 스웨터가 되게 하려는, 이, 전제인 세계, 전제인 바늘 위에서, 절차에 의해, 실의 엔트로피를 떨어트리려는, 어떤 물건이 되게 하려는. 정신. 또는 손. 나는 스웨터를 만들기로 결정한다.

실은 저절로 스웨터인 '나'가 아니다. 나는 내가 되려는 결정에 의하여 스웨터인 '나'가 된다. 다행히도. 나는 일에 의하여 내가 된다. 존재는 일이라는 행복한 확신.

3

실은 바늘 위에서 늘 미끄러진다. 바늘과 실의 근본적인 불화해. 실이 징징댄다. 잘못 태어났어. 너무 늦거나

또는 너무 일찍. 손이 실을 잡아챈다. 알아? 그렇다고
바늘의 필연성을 니가 어쩔 수 있을 줄 아니? 서투른
손은 바늘과 화해하지 못하는 실을 순수함의 이름으로
너무나 잡아당긴다. 삶의 한 코와 한 코 사이를 빠져나가는
역사라는 이름의 바늘이 겪는 빡빡함. 아이들이 구호를
외쳐댔다. 대결만이 정당해, 나머지는 어용이야. 그렇게
빡빡하게 짠 스웨터는 전시용 이론이다. 그 스웨터는
한 번만 물속에 담가지면, 옷으로서의 효용을 잃는다.
이데올로기의 일회성.

4

　오른손은 혼자 일하는 것이 아니다. 그것은 왼손의
도움을 받는다. 서투른 오른손이, 처음에, 뜨개질을 배우고,
아 제법 물건이 되는 기쁨에 도취되어 마냥 설쳐댈 때,
왼손은 어쩔 줄 몰라하며 나서는 자리에서마다 풍풍
실수를 저지른다. 그것은 내가 왜 이런 일에 동원되었는지
몰라, 나는 왜 이렇게 부수적인가 하고 견딜 수 없어한다.

그러나 아아 행복하게도, 세련된 뜨개질에 종사하는
오른손은 너무나 잘 알게 되는 것이다. 저와 왼손의 일이 한
유닛이라는 것을. 포름forme과 내용. 그랄Graal과 피.

그때 존재는 놀이이다. 그 놀이는 일의 반대말이 아니다.
그것은 일의 감싸기이다. 그때 나는 되고자 하는 자가 된다.
나는 그때 저절로 되어야 할 자가 되는 것이다.

5

지혜에 이르기까지 우리는 얼마나 많이 이 어두움
속에서, 이 미망의 혼란 가운데에서 상대적인 뜨개질에
매달려야 하는 것일까. 뜨개질? 그러나 나는 절대로 나의
뜨개질을 부끄러워하지 않는다. 나는 효율을 건지기
위하여 애쓴다. 나는 애쓴다의 주체로 겨우 존재의
허망함의 구덩이 직전에서 멈추어선다. 우리는 구원받을
것이다. 나는 거의 확실히 믿는다, 미망의 동료들이여.

결핍으로서의 존재
—어두움의 기록 3

나는 신을 믿지 않는다
나는 신을 꿈꾼다

신은 내게 모랄의 대상이 아니다
그는 내게 욕구의 대상이다

신을 꿈꾸기
나는 시를 쓰며 욕구로서의 자아를
갈망한다

한쪽 어깨는 너무나
아래로 기울어져 있고
한쪽 어깨는 너무나
위로 날아올라가는

나의 시쓰기

나는 뒤뚱거리며 그러나 어쨌든

앞으로 나아간다 확실한 것은

아무것도 없다

다만 갈망의 순수함만이
닫혀진 봉인의 비밀처럼
빛나고 있을 뿐

오늘 내가 몇 번이나
존재의 현기증으로
되돌아서는, 이
어두움 속에서

최측의 농간 | 시 007

다시 시작하는 나비

신판 1쇄 발행 2019년 4월 25일

지은이 | 김정란
펴낸이 | 신동혁
편집 | 안희성
디자인 | 물질과비물질
펴낸곳 | 최측의농간
출판등록 | 2014년 12월 31일 제25100-2017-000014호
주소 | 서울시 마포구 마포대로 25 7층 78-1
전자우편 | choicheuks@gmail.com
블로그 | blog.naver.com/choicheuks
대표번호 | 0507-1407-6903
팩스번호 | 0504-467-6903

© 김정란, 2019, printed in Korea

ISBN | 979-11-88672-12-7 (04810)
　　　979-11-956129-6-3 (04800) (세트)

* 이 책의 판권은 지은이와 최측의농간에 있습니다. 이 책 내용의 전부 또는 일부를 재사용하려면 반드시 양측의 서면 동의를 받아야 합니다.

* 이 도서의 국립중앙도서관 출판예정도서목록(CIP)은 서지정보유통지원시스템 홈페이지(http://seoji.nl.go.kr)와 국가자료공동목록시스템(http://www.nl.go.kr/kolisnet)에서 이용하실 수 있습니다.(CIP제어번호: CIP2019014312)